数字化生活新趋势

68招玩转视频号

互联网研究专家　郑俊雅　著

電子工業出版社
Publishing House of Electronics Industry
北京·BEIJING

编辑说明

◎为了客观呈现新媒体的“真实面貌”，对于一些当前十分流行但不符合出版规范的网络用语，本书采用语义相近的词语进行替代。

◎为了真实呈现互联网语境下的语言表达习惯，书中的部分内容，特别是在新媒体中常用的各种形象化词汇，尽可能“原汁原味”地保留约定俗成的表达方式，文中不再赘述。

序 言

做好那些能够得到对的结果的事情

短视频江湖，风起云涌、群雄争霸、百花齐放。

找到适合自己的短视频平台，对于创作者来说，至关重要。

在某些娱乐性极强的短视频平台上，有的专家坚持分享行业经验，每天起早贪黑、用心打磨作品，付出的努力连自己都感动莫名；有的创业者为了让自己的短视频能“上热门”，模仿小姐姐跳舞、学习小哥哥唱歌，几乎精通各种热门技艺，他们竭尽全力、前仆后继。然而，一两年时间过去，回头一看，他们发现自己并没有得到想要的结果，反而反复陷入迷茫的状态。

每个平台的定位、方向和风格不同，因此，同一个人付出同样的努力，在不同的平台上会得到不同的结果。

事败垂成，往往不是你不够努力，而是你选错了方向或平台。

你想通过娱乐变现，可以找娱乐平台；你想通过卖货变现，可以找卖货平台；你想通过卖课变现，可以找学习氛围浓厚的平台。

然而，很多人为了让自己的短视频能“上热门”，暂时放弃了自己原本的专业与优势，跟风学习各种炫酷的“才艺”，本末倒置。很多短视频平台，在面对同质化日益严重的海量短视频时，自然更加愿意将流量向具有广告效应或“高颜值”的短视频倾斜。

其实，互联网创业者应该做的事情很简单：找到对的平台，做好对的事情，得到对的结果。

《黄帝内经》有云："各从其欲，皆得所愿。"

人与人之间，千差万别。每个人只有"敬畏"自己的优势，扬长避短，做自己真正热爱的事情，才更容易达成所愿。

在视频号上，你不用学唱歌、跳舞，不用学卖萌、耍酷，你只需将自己原本的优势发挥到极致，以专业素养输出优质短视频，即可将产品与服务通过熟人社交传播给更多精准的潜在客户。

视频号背靠微信大生态，"左牵"公众号、小程序，"右挽"朋友圈、微信群，直面 12 亿用户，前途不可限量。

优秀的互联网创业者往往具备这样的特点：在一个平台即将全面崛起之初，升级思维，用"All in"

的态度，集中优势力量，全身心投入、深度扎根，快速拿到结果。

视频号唤醒了无数创业者——原来，引流、成交可以在同一个 App 上，读文章、看短视频可以在同一个 App 上，分享生活、推广事业可以在同一个 App 上，与好友交流、与客户合作可以在同一个 App 上。

在变现这件事情上，很多人通过视频号实现了梦想。

笔者运营视频号，第二天开始变现，第三天吸引精准“粉丝”1000 人并通过白 V 基础认证，第七天创建 200 人付费社群，第十天吸引精准“粉丝”10000 人并升级为黄 V 高级认证，第三十天开始搭建万人付费社群。

视频号，不浮夸、不造梦，给你实实在在的流量；视频号，不妖艳、不“焦虑”，给你真真正正的商机。

视频号，点赞即传播，传播即商机，是公域流量和私域流量的完美融合。

商家可以用视频号引流，用朋友圈宣传，用公众号成交，用小程序卖货，用微信群“沉淀”，打造巨大的商业闭环。

视频号犹如一个巨大且具有 AI 自动推荐能力的朋友圈，给中小企业带来弯道超车的重要机会。

视频号不是下一个风口，而是现在的风口。

目 录

CONTENTS

第一部分 热门篇

第二部分
算法篇

第三部分
“人设”篇

第四部分

价值篇

第五部分
文案篇

第六部分
拍摄篇

第七部分

剪辑篇

第八部分

出圈篇

第九部分
“粉丝”篇

第十部分

社群篇

第十一部分 变现篇

第十二部分
品牌篇

第一部分

热门篇

第001招 人人皆可“上热门”

“上热门”是指优质短视频通过机器算法评估，获得平台巨大的推荐流量，被免费展现给成千上万的观众。

在很多短视频平台上，“上热门”对于创作者来说，已经变成遥不可及的事情，因为诸多平台为了增加广告收入，开始进行人工干预，弱化机器判断，于无形中逼迫创作者购买广告，否则，“上热门”的机会微乎其微。

你可能会说：“不是哦，我每天都看到很多短视频‘上热门’啊！”

这只是普通用户的错觉而已。很多平台只让用户看到热门短视频，因此，用户以为“上热门”很简单，然后“纵身一跃”，全情投入短视频创作；多次发布作品，皆遭雪藏，毫无流量可言，方知江湖水深。

有人可能会说：“在其他短视频平台上，你无法‘上热门’，那是因为你的短视频还不够极致。”

这也是普通用户的错觉。

最近几年，笔者接触过短视频领域的无数资深玩家，他们大多拥有数百万“粉丝”，他们创作的短视频，可以说是“极致中的极致”，却依然无法获得应有的流量。

是的，在很多短视频平台上，流量都被买走了。对于普通玩家而言，不付费已经很难获得真正的推荐流量。

在这样的背景下，视频号诞生了。

在视频号上，“上热门”取决于两大核心因素：

✌你的微信好友是否点赞了你的短视频（系统以此评估短视频的精准性）。

✌你的微信好友的好友是否点赞了你的短视频（系统以此评估短视频的普适性）。

专注自己的行业优势，针对精准好友的本质需求并结合大众趣味，创作高质量的短视频，你将赢得精准好友的点赞，从而获得更多的推荐流量。

第002招 “上热门”源自深刻的人性洞察

当你希望自己的短视频能“上热门”时，你只需要思考两个问题：

- 这个短视频，我的微信好友会喜欢吗？
- 这个短视频，我的微信好友的好友会喜欢吗？

针对上述两个问题，以下是该短视频能否“上热门”的可能性分析：

✌如果两个问题的答案都是“会”，那么，这个短视频“上热门”的概率将达到80%以上。

✌如果两个问题的答案都是“不会”，那么，这个短视频“上热门”的概率将低于1%。概率之所以不是0，是因为有可能部分非好友用户喜欢该短视频，他们的点赞可能会影响短视频的流量走势。不过，这样的机会很渺茫。

✌如果第一个问题的答案是“会”、第二个问题的答案是“不会”，那么，这个短视频将只能在你自己的小圈子里传播，播放量不可能很大。

因此，我们应该创作出两个问题的答案都是“会”的短视频。

我们要用“普通”人群喜欢的短视频“外壳”（如标题、文风、背景音乐和特效技术等）来设计“精准”人群喜欢的短视频“内核”（如专业内容、核心理念等）。

我们必须清晰地了解“亲密”用户和“普通”用户的心理，并找出其中的“交集”。这个“交集”就是我们视频号内容创作的方向。

第003招 “上热门”需要深厚的行业沉淀

笔者的视频号，名称是“郑俊雅”。“郑俊雅”已发布的前10个短视频的平均播放量达5万次以上（其中播放量超过10万次的有5个）。

虽然跟娱乐类、新闻类短视频相比，这个播放量不算什么，但跟同类短视频（视频号教学）相比，这个播放量已经相当大。

在视频号上，如果短视频能获得精准流量，那么短视频创作者将离变现极近。

笔者在创作短视频时，会为每个短视频设计一张令人震撼的思维导图，高度概括该短视频相关主题的核心内容和实用技巧。

是的，每个短视频（时长平均 50 秒）都会匹配一张原创思维导图。这些思维导图会在每个短视频播放的前 3 秒出现（先“亮剑”），并在最后 6 秒重现（后“压轴”），其余的 40 多秒呈现笔者的工作片段和生活片段。

很多观众看了这些短视频，就点击短视频下面的公众号链接，加笔者个人微信，并直接咨询报名或合作事宜。为什么这么直接和高效呢？因为大家通过这些思维导图，瞬间就能感受到创作者在短视频培训领域的深厚沉淀。

现在，请你思考一下：

✌在你的短视频中，你可以用什么镜头、图片或特效来展示你的专业水平呢？

第004招 找准角度，最大化展现价值

在视频号上，观众留给你的机会只有3秒。如果你的短视频的前3秒没有触动观众的心灵，那么他们将快速跳过该短视频。

很多创作者喜欢在短视频的前段表达很多可有可无的话语或添加诸多“不痛不痒”的素材。这些行为将大大降低短视频“上热门”的可能性。

在短视频时代，人们的时间极其宝贵，毕竟在平

台上有大量的优质短视频等着他们观看，如新闻短视频、萌娃短视频、风景短视频和才艺短视频等。

因此，你必须找准角度，最大化展现短视频的核心价值，而且尽量遵循 1:7:2 的原则。例如，一个 60 秒时长的短视频，前 6 秒，展示“实力”，触动观众的心灵；中间 42 秒，详细展示、剖析该主题的相关流程和细节；最后 12 秒，再次展示令人震撼的画面或高度总结核心观点。

每一个短视频的设计，都要有力度，确保每一秒都有“分量”。

热门短视频创作的实质，是创作者尽其所能来创造价值，高度浓缩地分享美好内容。

如果你认为自己很优秀，那么请找准角度，结合优势，将你平常要用一个小时才能表达完毕的内容，在 1 分钟之内精练地表达出来。

第005招 集中全力推广第一个“准热门”作品

你要认真对待你的第一个短视频，它的质量将决定平台和“粉丝”对你的视频号的基本看法。

很多人创作短视频，常怀“碰运气”心理，觉得只要大量创作短视频，总会有一个短视频能“上热门”。这种心理可能会导致创作者承受很大的试错代价。

你要用创作十个普通短视频的时间，去创作一个极致的短视频，并且要将每一个短视频当作“对恋人表白”的礼物。

笔者在视频号上创作第一个短视频时，文案写作花费了一个小时，思维导图创作花费了八个小时，素材整理花费了半个小时，声音录制花费了半个小时，视频剪辑花费了半个小时，总共花费了十多个小时。这就是笔者对创作短视频的态度。

将十多个小时的努力，在一个一分钟时长的短视频里集中呈现，该短视频能让观众瞬间感受到诚意和价值。

笔者是这样推广第一个短视频的：

- 将短视频分享到5个微信朋友圈。
- 将短视频转发到100个微信群。
- 多次督促精准好友观看此短视频。

✌将短视频转发给500位VIP好友（前期转发为纯手工操作，后期转发可以借用一些工具来实现）。

不要花费很长时间去推广一个平庸的短视频，否则，朋友给你的短视频点赞，往往也只是碍于面子；朋友的朋友则几乎不可能再给你的短视频点赞。

在你创作出高质量的短视频之后，请不要急着推出第二个短视频。你要先竭尽全力，调用一切资源去推广第一个短视频，而后，你才能清晰地了解自己的微信朋友圈的力量究竟有多大。

当你了解了自己的“能力”边界之后，你就可以开始深度打造自己的社群了。社群成员对你的短视频的点赞和助推，是你的短视频“上热门”的底层推动力量。

第006招 打造自己的“热门公式”

短视频“上热门”，对于普通人来说，可能是一种运气；对于专业创作者而言，是一个在打通整个运营过程之后近乎必然的结果。

为了使短视频“上热门”，你可以尝试以下思路：

- 大量观察、研究同行的热门短视频。
- 分析同行热门短视频的选题、标题、时长、风格、文案、音乐和技术等。

✌梳理自己与众不同的内容体系。

✌打造自己与众不同的短视频风格。

✌“集百家之长，成一家之言”。

笔者在经过大量尝试之后，找到了适合自己的“热门公式”，仅供参考：

1. 找准一个多人关心的选题。

2. 确定一个震撼人心的标题。

3. 根据选题，创作一张详细的思维导图。

4. 挑选 10 段精彩的 Vlog 短视频素材。

5. 创作一篇金句迭出的走心文案。

6. 录制一段清晰且音质较好的音频。

7. 选择一段能触动心灵的音乐。

8. 选择一个高端大气的封面。

9. 竭尽全力将短视频推广给精准好友、微信群。

10. 用心回复前 100 条评论。

11. “上热门公式”：高概率“上热门”=1+2+3+4+5+6+7+8+9+10。

第二部分

算法篇

第007招 你爱用户，平台才会爱你

从本质上讲，大平台的算法大多是不可知而且难以描述的。我们往往只能从大量的实践中，以敬畏之心去感知这些算法。

一般来说，平台以用户为本，你爱用户，平台才会爱你。

短视频创作者若能从以下角度去关爱用户，则可获得平台的更多推荐流量：

✌让用户看得舒服，比如提供高清、平稳的视频画面。

✌让用户看后有收获，比如分享行业经验。

✌让用户看后心生欢喜，比如适当化妆、辅以灯光。

✌让用户身临其境，比如设计精美的拍摄背景墙。

✌让用户宾至如归，比如认真回复用户的每一条评论。

✌让用户备受尊重，比如用心解答用户的每一个问题。

✌让用户乐意投入更多时间，比如持续创作优质作品，保持日更。

✌让用户乐意进入公众号，比如在短视频底部嵌入公众号的深度好文链接。

第008招 你的好友是当之无愧的裁判

你的短视频能否获得更多推荐流量，在本质上不是平台说了算，而是你的第一批受众说了算，比如你自己的非好友“粉丝”、微信好友和平台推荐的少量初始观众。他们是较早看到你的每一个新短视频的用户。他们在观看你的短视频之后的反应（体现为完播率、点赞率、关注率、转发率、收藏率和评论量等），将直接影响平台对你的短视频的“态度”（是否给予更多推荐流量）。

你的好友的互动行为为何如此重要呢？因为他们是当之无愧的裁判。

试想一下：你发布的短视频，如果连你亲密、精准的好友都不愿意看完或点赞，这个短视频还算优秀吗？

视频号背后的机器算法并没有主观意识，它只是根据用户的真实反馈来调整推荐强度。

你可以参考以下两个建议：

✌作为短视频创作者，善待你的微信好友，是做好视频号很重要的一个因素。

✌在创作短视频之前，用心分析精准好友的需求或调查他们的真实想法。这些行为将直接影响短视频最初的点赞率。

第009招 你的内容能否引发一场网络狂欢

商业类的热门短视频，大多是创作者精心设计的。一般来说，没有无缘无故的热门短视频。

普通创作者，浅尝辄止，流于表面，等待运气，“上热门”遥不可及；专业创作者“制心一处”，做深做透，抓住规律，打造“公式”，“上热门”信手拈来。

视频号较受欢迎的九大热门选题方向，包括：教育、新奇特、美食、科普、健康、产品、猎奇、热点和实用技巧。

参考这九大方向，重视人性，遵循规律，把握细节，“上热门”指日可待。

一个短视频能否“上热门”，关键在于这个短视频的内容能否引发一场网络狂欢，即观众的疯狂互动。

大家可以参考以下思路：

✌搞笑短视频，可以嵌入2～10个笑点。

✌卖货短视频，可以重点宣传罕见的产品卖点。

✌教育短视频，可以针对痛点问题分享震撼人心的解决方案。

✌美食短视频，可以拍摄如何用普通食材制作出“高大上”的美食。

✌美女短视频，可以从“善良”的角度演绎小姐姐的独特气质。

✌动画短视频，可以让卡通形象表达出真人不便表达的观点。

第010招 你能否让四海客人宾至如归

你的视频号，相当于一个店铺。访客，就相当于来自五湖四海的客人，你要让他们拥有宾至如归的感觉。

以下因素会影响你的视频号账号权重：

✌短视频平均完播率（单次观看平均时长÷短视频时长）。

✌用户关播比（关注量÷播放量）。

✌用户评播比（评论量÷播放量）。

✌用户转播比（转发量÷播放量）。

✌用户是否观看你的更多短视频。

✌用户查看你的其他短视频数量。

✌用户进入首页留存时长。

当然，视频号账号权重的培养需要一个过程。你可以注意或优化这些细节：

✌账号封面、短视频封面和创作者头像的背景色调相同或相近，风格统一。

✌垂直账号，根据精准“粉丝”需求，深度设计每个短视频的主题和内容。

✌以朋友的口吻，用心回复每个短视频的前 100

条评论。

✌稳定“输出”短视频，坚持每天更新一次短视频，最少也得每个星期更新一次短视频。

✌尽可能地将每个短视频转发给更多微信群和精准好友。

第011招 有多少人祝福你远走高飞

有时候，在你的短视频发布之后，哪怕你将它多次分享到微信群和朋友圈，给你点赞的朋友依然寥寥无几。

你可能会百思不得其解：这些人，平时都是我很好的朋友，为何在我的短视频发布后的关键时刻，不愿意第一时间给我点赞呢？主要原因有三个：

✌好友虽然在线，但是不一定刚好看到你的短视频。

✌好友加入的微信群太多,不一定能及时看到群信息。

✌好友的视频号或朋友圈信息太多,你的短视频被“淹没”了。

在你的短视频发布之后的第一个小时里，非“粉丝”精准好友和“粉丝”的点赞，越多越好。这个基础点赞量会“左右”后来者对你的短视频的基本“态度”。

因此，你可以：

✌将短视频直接转发给熟悉的好友。

✌在核心微信群人气最高的时候，向该群转发短视频，并用一句话描述该短视频为何“不可错过”，而非一味地请求大家点赞。

✌将短视频多次转发到朋友圈（1～8次），并配上不同的介绍文案。

你会发现，只要非“粉丝”精准好友和“粉丝”真正看到你的短视频，他们大多愿意给你点赞，当然，前提是这个短视频对他们有用。

第012招 你是否有长远之心

在发布每个短视频之后，我们虽然应竭尽全力去推广，但又不能只是盯着数据（点赞量和评论量等）不放，还应以长远之心做好整个账号的布局。

每个短视频的战略意义是不同的：

✌有的短视频是为了提高知名度，奠定江湖地位。

✌有的短视频是为了快速丰富账号首页短视频数量。

✌有的短视频是为了承接上一个短视频带来的长尾流量（源源不断的细分流量）。

✌有的短视频是为了培养“粉丝”的信任感。

✌有的短视频是为了引流或成交。

✌有的短视频是为了测试选题或验证某种想法。

只有秉持长远之心，我们才能真正将一个新账号激活、将一个老账号盘活。

第三部分

“人设”篇

第013招 总有人比你好，终无人可以取代你

每个人的故事不同、目标不同，因此，其“人设”亦不同。

“人设”即人物形象设定，大多指正面、积极的形象。“人设”的打造，需要一以贯之的坚持。在视频号上，“人设”千万种，哪一种最适合你？或许你需要静下来，聆听心灵的声音。

有人说：“总有人比你好，终无人可以取代你。”

对于个人创作者而言，竭尽全力能够展现的那个最自然、最美好的你，就可以是你的“人设”。

对于团队创作者而言，尊重每个参与者的禀赋，各尽其才，你们方能为观众呈现最佳的“人设”组合。

世界很大，繁华万千，人们只有找到真正属于自己的方向，才能真正盛情“绽放”。

第014招 做那个让自己舒服的自己

一个功力深厚的手艺人，不专注展示手艺，而学小姐姐唱歌……

一个创业多年的行业专家，不专注分享行业经验，而学小哥哥跳舞……

一个服装店的老板，不专注分享各种服饰搭配技巧，而不断分享美食心得……

账号，可以有生活号和工作号。生活号如此经营，无可厚非，毕竟大家都希望通过短视频"记录美好生活"。但如果工作号亦如此经营，则有舍本逐末之嫌——放弃优势，追逐浮华。

很多时候，人们由于不加选择地观看太多热门短视频，会陷入"这样也能上热门？我也可以！"的心理误区。

✌人家小姐姐凭唱歌、跳舞短视频"上热门"，是因为她们本身就是学这些专业的，她们每天训练8小时以上。

✌人家小姐姐凭风景、旅游短视频"上热门"，是因为她们本身就是导游或旅游自媒体创作者，每天收费逛景点和拍风景。

因此，我们不能拿自己的劣势去跟人家的优势较量。

我们不妨做回那个让自己舒服的自己，回归内心，回归主业，结合优势，重新出发。

第015招 不断优化和强化自己的“人设”

你最初的“人设”，不一定是最合适的。在你的深度的实践过程中，你会发现，关于自己的“人设”，有些细节可以调整，有些角度可以变化。这个优化的过程，至关重要。

当你的“人设”被优化到一定程度，近乎无懈可击时，你便可以稳定“输出”风格统一的短视频来逐步强化这个“人设”。

在这个过程中，你可能会迎来各种各样的“诱惑”，比如：

✌某位达人使用了某个独特的道具而上了热门，我要不要也去买一个来用？

✌某位专家邀请了一位漂亮小姐姐以采访的形式来拍摄短视频，我要不要也去找一个漂亮小姐姐？

✌某位老师以MG动画的形式来分享他的理念，我要不要也去学习MG动画？

你要记住王阳明先生的这句话：“此心不动，随机而动。”

从“人设”运营的角度来讲，你已经确定的“人设”不要轻易改变，不过各种辅助的细节设计，你可以随机而变。但无论怎么变，一定要确保每个短视频的风格统一。唯有如此，你才能不断地强化你的“人设”。

第016招 不要有任何违和感

当你确定了自己的“人设”后，你就要发自内心地去演绎好这个角色。

有些人，选择了以专家身份分享行业经验，但在讲话时，声音都是颤抖的。这会让观众觉得“这个专家好像不怎么样”。

别颤抖！选择了当专家，你就要把专家当好。你不能自己都不相信自己，你的内心在面对自己的“人设"时，尽量不要有任何违和感。

这种"零违和感"，源自大量的练习和尝试。

例如：

笔者写了一段文案，在要以视频号专家的身份朗读出来时，第一遍的声音有可能是"颤抖"的，第二遍的声音稍微不那么"颤抖"了，第三遍的声音开始自然了，第四遍的声音已有专家的感觉，直到第五遍，声音方才显得"淡定""专业""厚重"。

因此，只有不断地练习、不断地打磨、不断地推倒重来，你才能真正融入你选择的"人设"中。

第017招 用你的“人设”赋能社群成员

笔者的“人设”，是积极向上、快乐分享短视频核心秘诀的视频号运营专家。

在笔者创建的“郑俊雅视频号学习会”中，很多成员在发布短视频时，都会在短视频简介中嵌入话题“#郑俊雅#”或直接“@郑俊雅”。这样做的意义在于：

✌了解郑俊雅的人，当看到这些短视频时，会大概知道这些创作者可能是秉持郑俊雅“积极向上、快乐分享”的理念来设计短视频内容的。

✌“郑俊雅视频号学习会”的其他成员，在看到这些短视频时，会更加乐意地认真观看、点赞和评论短视频。

✌赢得郑俊雅对这些短视频的专业建议。

如果你也创建了自己的社群，那么，你要尊重自己的“人设”，经常在社群里分享行业经验、独特观点。这些坚持对社群成员的影响是潜移默化的。

第018招 真实“人设”结合虚拟“人设”

视频号的传播是自内而外的，因此，视频号运营的内核是社群运营。

在运营社群的过程中，我们发现真实“人设”（真人“人设”）有时候可以高效地结合虚拟“人设”（卡通“人设”）。

“郑俊雅视频号学习会”这个社群，有两大“人设”：

✌郑俊雅真实“人设”：积极向上、快乐分享短视频核心秘诀的视频号运营专家。

✌乐播者卡通形象虚拟“人设”：快乐“播种”真善美的使者，永远充满热情和斗志。

虽然乐播者卡通形象这个虚拟“人设”在视频号上很少出现，但它在社群中却是主角，出现的概率远远超过其他“人设”。

我们使用乐播者卡通形象设计了很多表情图片（主题是“热烈欢迎”“感谢点赞”和“做好笔记”等，可以在淘宝上请人设计，一张表情图片的市场价是40～200元），它们之所以在社群中被广泛使用，是因为它们具有以下意义：

✌卡通形象比真人形象更加亲切。

✌人们对卡通形象一般不存在妒忌心理。

✌卡通形象往往人见人爱，更容易活跃社群氛围。

✌让整个社群变得更富温情。

第四部分

价 值 篇

第019招 人们追逐的是价值而非浮华

观众虽然表面上喜欢凑热闹，但本质上，他们更加重视价值（短视频带给观众的综合收获）。

有些人运营短视频时间很久，之所以依然收获不多，是因为他们只看到表面而没有看到本质。

你的短视频能够给观众提供什么价值？这是你应该思考的第一个问题。

以下是部分短视频创作者常见的误区：

✌喜欢自娱自乐、自言自语或自我陶醉，完全没有站在观众的角度思考问题——没有重视用户体验。

✌担心短视频被人盗版，在短视频前端、末尾都加上自己长长的简介或头衔——没有全力塑造短视频的核心价值。

✌用一半的篇幅来铺垫、渲染短视频主题，当最终的主题出现时却轻描淡写——内容设计“头重脚轻”。

传播价值，才是短视频运营的灵魂。

第020招 以利他之心创造价值

笔者在创作每一个短视频时，都会问自己：“这个短视频，对观众真的有用吗？够震撼人心吗？我能做到问心无愧吗？”

只有答案都是肯定的，笔者才开始创作。

什么是利他之心？

✌你在写下每一句话时，都想：“这句话，能够触动观众心灵吗？”

✌你在分享每一条经验时，都想：“我如实分享了吗？”

✌你在剪辑每一个短视频画面时，都想：“这个画面，符合真善美的原则吗？”

✌你在选择每一段音乐时，都想：“如果我是观众，听了这段旋律，会有什么感受？”

✌你在发布每个短视频时，都想：“在这个主题的分享上，我倾尽全力了吗？”

第021招 让你的价值不可抗拒

你虽然可以“集百家之长，成一家之言”，但尽量不要完全模仿别人的短视频。

模仿的短视频，是没有灵魂的；模仿的短视频，是难以说服观众的；模仿的短视频，是很难变现的。因此，你要下定决心创作好自己的原创短视频。

不仅如此，你在每个短视频中传播的价值，要做到与众不同且不可抗拒，例如：

✌教学短视频：笔者曾在一个时长 1 分钟的短视频中分享了三张令人震撼的思维导图，那个短视频吸引了 5000 人关注。

✌水果短视频：展示水果的新鲜、饱满、多汁等特质。

✌童装短视频：选择 5～8 套富有特色的童装，富有节奏感地逐一展示。

✌情感短视频：金句迭出，让每一句话都触动观众心灵。

不同行业的短视频要展示的价值是不同的。为了更好地传播价值，你可以参考以下两个建议：

✌深入研究同行的短视频,将那些富有价值的短视频收藏起来，反复研究。

✌向微信的精准客户群发信息，请教他们:“你希望在我的短视频中看到哪些内容或获得哪些价值？”

第022招 不但要货真价实，而且要惊艳全场

有的人想通过视频号向个人微信引流(吸引观众添加为微信好友)，因此，宣传“加好友”之后有诸多好处，然而短视频本身并没有分享实际价值。这样的短视频就违背了“货真价实”的原则，有自我陶醉之嫌。

要知道，任何观众留给我们的短视频的机会，往

往只有几秒。如果短视频的前几秒的内容无法打动他们，那么，他们将“一走了之”，甚至“再也不看”。

因此，要直接明了地让观众感受到我们的短视频的“价值”，比如：

✌前五秒，抛出与众不同的核心观点。

✌前五秒，展示令人震撼的思维导图。

✌前五秒，展示令人拍案叫绝的画面。

在塑造短视频的“价值”时，我们要多维度地考虑：

✌这个“价值”受众会喜欢吗？

✌这个“价值”好友的好友会喜欢吗？“粉丝”的“粉丝”会喜欢吗？

✌这个“价值”能否惊艳全场？

✌这个“价值”的呈现，其美感和力度是否超越了同行？

✌这个“价值”在一个月或一年后，还会有人“喜欢”吗？

第023招 突破思维藩篱，创造更高价值

当“粉丝”观看同一个短视频创作者的短视频多了，难免会对该创作者产生审美疲劳，哪怕该创作者一直很努力地生产内容。原因有两个：

✌“粉丝”已经熟悉了该创作者的内容生产模式，对新短视频已经没有期待。

✌"粉丝"发现在平台上类似的短视频越来越多。

因此，创作者只有不断突破思维藩篱，创造更高价值，才能留住老“粉丝”并吸引更多新“粉丝”。可以参考以下思路：

✌内容：融入更多令人震撼的观点。

✌文案：更加精练、优美。

✌人物：邀请高颜值年轻人或演技更佳者参与拍摄。

✌场景：寻找更合适的拍摄场景。

✌礼物：设计更高端的课程当礼物送给"粉丝"。

第024招 分享价值，不设任何条件

很多短视频创作者通过视频号向个人微信引流，并承诺给予新好友一定的礼物，比如电子书、PPT或加入社群的机会等。

对于价值的分享或礼物的赠送，很多短视频创作者喜欢设置各种条件（如“在短视频下的评论只有达到多少点赞数，才可以领取礼物”等），这有“诱导点赞”之嫌。

受众已经越来越不喜欢这种模式。

作为短视频创作者，我们承诺给新好友什么礼物，当他们到来时，我们最好不设任何条件地把礼物送给他们。

例如：

当观众观看了笔者的短视频，通过点击短视频底部的公众号链接，扫码添加笔者的微信好友时，笔者必第一时间将自己原创的十张令人震撼的视频号运营思维导图送给该观众，并会加上一句话："哦，对了，另外两张更重要的思维导图也送给你吧！"

如此，对方往往会很感动，因为这种馈赠不设任何条件且超预期。

第五部分

文案篇

第025招 文案是短视频的灵魂

有人说“音乐是短视频的灵魂”，也有人说“文案是短视频的灵魂”。

无论人家怎么说，我们都必须把文案写好。

很多人在听到“文案”两个字时的第一反应是“这是我的弱项”。

其实，在人生中有很多东西都是我们的弱项。在我们发现它们的重要性之前，我们往往会允许它们以“弱项”的形式存在。当我们发现了它们的重要性之后，我们就愿意付出百倍的努力去把它们变为“强项”。

文案，必须成为短视频创作者的强项（当然，你要付费聘请文案高手帮你也行），否则，短视频这个游戏就很难玩了。

热门短视频的本质，往往就是热门文案以短视频的形式进行演绎。因此，评估一个短视频能不能火，看它的文案就能一目了然。

第026招 文案的含金量决定你的短视频可以走多远

优秀的短视频文案，往往第一句话就能够触动观众心灵。为什么呢？因为，好文案不是随意写出来的，而是创作者站在很高的位置上，结合平台的热门方向、“粉丝”的综合需求和当下的流行语言等精心创作出来的。

有些人花费几天的时间，拍摄唯美、壮观、令人震撼的短视频画面，然而只用几分钟时间匆匆写文案。

文案的含金量决定你的短视频可以走多远。短视频平台缺的不是令人震撼的画面，而是走心的文案。

以下是笔者在视频号上发布的短视频文案之一：

“视频号如何吸引更多‘粉丝’？今天，是我注册视频号的第三天，总共发布了 4 个视频，吸引‘粉丝’1000 人。

“很多人想要‘粉丝’，却不知道‘粉丝’想要什么。‘粉丝’关注你，不是因为你是谁，而是因为他能够在你这里得到他想要的。

“那么，‘粉丝’究竟想要什么呢？价值、干货、惊喜、榜样、希望、友情、资源和归属。如果你能够为观众提供这八样东西，那么，他们就愿意成为你的‘粉丝’。

“价值要直接，干货要精练，惊喜要实在，榜样要以身作则，希望要真诚，友情要持久，资源要利他，归属要长久。

“我把吸引‘粉丝’的核心秘诀，全部汇总到这张令人震撼的思维导图当中，希望对你有帮助。加油！

“点击下面的链接，你就可以免费领取高清原图啦！”

第027招 深度向同行学习创作优质文案

创作优质文案，最简单的方法，就是向优秀的同行学习。

有些人不喜欢观看同行的短视频，生怕“长了别人志气，灭了自己威风”。其实，优秀的同行是我们最好的老师。很多问题，他们都提前帮我们探索过了。他们总结的经验，一定会不同程度地体现在每一个最新的短视频之中。

我们可以从以下角度向同行学习：

✌同行常用的关键词有哪些？

✌同行的短视频封面的主题是怎么写的？

✌同行在发布短视频时，简介是怎么写的？

✌同行的写作风格是什么？

✌同行最喜欢引用的故事有什么特点？

✌同行的热门短视频文案的平均字数是多少？

✌同行的独特观点是什么？

✌同行在阐述重要观点时，喜欢分几个层次（“小点”）？

✌同行的热门短视频的文案有没有独特的“公式”？

✌同行的账号简介是怎么写的？

✌同行是如何引导大家打开他们的公众号链接的？

✌同行的公众号成交文案是怎么写的？

第028招 以创作者的视角研究热门短视频文案

以下是笔者在视频号上发布的短视频文案之一：

“我是一个互联网营销研究者，写过3本畅销书，创作过1500多个视频，其中播放量超过1000万次的视频有几十个。

“在长期的实践中，我发现好视频必须要有好文案，爆款视频必须要有爆款文案。

“文案，是视频的灵魂。普通人用 1 天写出 3 篇文案，然后‘冰冷收场’；高手用 3 天写出 1 篇文案，然后‘引爆全场’。

“爆款文案，是创业者的出路和希望。你怎么对待文案，‘粉丝’就会怎么对待你。

“我把多年创作爆款文案的核心经验，全部汇总到这张令人震撼的思维导图当中，点击下面的链接，你就可以免费领取啦！

“使用这些方法，你也能够创作出 10W+的爆款文案和热门视频。加油！下一个大咖就是你！”

当你以创作者的视角研究这篇文案时，或许你就会思考下列问题：

✌文章的开头，创作者为什么要用一系列数字做一个“高效”的自我介绍呢？

✌文中为什么要强调“爆款文案”和“10W+”这些垂直领域的热门关键词呢？

✌文中的核心金句是哪一句呢？还有吗？

✌创作者为什么要引导大家点击底部的公众号链接呢？

✌创作者为什么要说“下一个大咖就是你”呢？

第029招 极致文案源自内在深情

视频号上的极致文案，一般都具备以下一个或多个特点：

✌行云流水，一气呵成。

✌读时朗朗上口，读后回味无穷。

✌没有一句话、一个词是多余的。

✌结构巧妙，不但符合用户习惯，而且步步为创作者的目的“服务”。

✌能够激发用户的某种行为，比如关注、点赞、评论、转发、收藏或打开公众号链接等。

笔者针对短视频营销创作的文案，大概有 100 多篇。在创作的过程中，笔者发现：每写一篇，都会觉得这一篇已属极致文案，但在过一段时间再回头看时，又发现该文案不够极致。

因此，笔者认为：极致文案的创作，更像一个漫长的修行过程，创作者只有满怀深情，方能使文案逐步接近极致。

以下是笔者在某一个新账号注册后第一天创作的短视频文案，目的是吸引最初的 500 个“粉丝”：

“在这个世界上，没人注定要成为你的‘粉丝’。‘粉丝’关注你，不是因为你这个人，而是因为你传递的价值刚好是他们想要的。

“在一个美女如云、帅哥扎堆、专家拥挤的地方，你只有成为一个最诚恳的人，才能留住‘粉丝’的脚步。

“你要拿出100%的诚意，去对待每一位‘粉丝’；你要拿出越挫越勇的态度去创作每一个作品；你要竭尽全力为每一个作品注入更多的价值。做到这三点，你才能感动‘粉丝’。

“两天后，我会把最初的500个‘粉丝’的名字写在笔记本上，拍成短视频，每天看着他们的名字睡觉，在起床的时候，也要先看一下他们的名字。”

这个文案，在一个星期之内，直接帮助该账号吸引了5000个精准“粉丝”，远远超出预期。

第030招 建立自己的文案素材库

专业的短视频创作者，往往拥有自己的文案素材库。文案素材库的建立，是一个长期的过程，需要日积月累。文案素材库对短视频创作者来说，具有多项意义：

✌可以为短视频创作者带来源源不断的灵感。

✌在关键时刻，短视频创作者可以快速搜索精准素材，信手拈来。

✌方便短视频创作者理清思路，建立系统性思维。

那么，如何建立自己的文案素材库呢？可以参考以下建议：

✌选取一个用于存储文案素材的工具，如Word、微云、幕布、有道云或友益文书等。

✌你选择的工具，必须尽量符合条件——手机、计算机皆可使用，而且具有同步存储功能，方便你随时输入和调用。

✌根据自己的需求创建分类或文件夹，比如经典标题、扎心语录、行业经验、睿智观点、成交话术、走心文案、情感名言及励志警句等。

✌将看到或想到的任何经典句子、内容，随时输入对应的分类中。

✌设定特定的版式风格或存储模式，方便搜索、查阅。

✌定期将部分精彩文案打印出来，方便经常朗读、欣赏或背诵。

✌定期备份素材库。

第六部分

拍 摄 篇

第031招 拍摄比你想象的还简单

关于短视频，很多人愿意花大量的时间研究各种推广技巧，却不愿意花一两个小时静下心来学习拍摄的基本原则。以下是普通短视频创作者的常见误区：

✌在拍摄短视频素材时，有的拍成横屏的，有的拍成竖屏的，有的拍成正方形的，画面凌乱。

✌在生活和工作中，随心所欲地拍摄各种短视频素材，没有统一的规划和标准。

✌在拍摄时，手机摇晃不定，导致画面晃动明显，“伤害”用户的观看体验。

✌没有重视光线问题，导致部分视频画面昏暗。

✌只拍摄自己，忽略了其他配套画面。

✌在拍摄时，没有尊重和坚持自己的“人设”，画风错乱。

✌每天拍摄的素材，没有进行统一整理和存储，任其“自生自灭”，到使用时，难以快速找到合适的素材。

✌对于拍摄没有足够的热情，只是为了完成工作而随意拍摄。

其实，拍摄比你想象的还简单，只要你稍微“把心收回来”，并遵循以下几条简单的原则，就可以逐步拍出专业化的效果：

✌画面比例一致。

✌统一规划。

✌平稳，不晃动。

✌明亮。

✌人、物、景，皆合理拍摄。

✌尊重自己的“人设”。

✌及时整理。

✌永葆热情。

第 032 招 迎着清晨的第一缕阳光，出发吧

“郑俊雅”视频号的很多短视频，都是以 Vlog 形式拍摄的。虽然我们创作了很多短视频，但是其中使用的素材，大部分都源自同一天的拍摄素材。

也就是说，我们用 1 天的时间拍摄了 500 多份短视频素材（平均时长 30 秒），这些素材足够我们自由组合或剪辑出 100 个作品了（当然，你要剪辑

出成千上万个作品也可以，只是观众看多了，会觉得缺乏新意）。

以下是拍摄当天的一些细节：

✌参与者：笔者和摄影师（普通同事，非专业摄影师）。

✌出发时间：夏天的某天早上6点。

✌地点：公路，融创乐园，融创茂。

✌耗时：12小时。

✌饮水：每人喝水4瓶。

✌门票：免费。

✌方式：跟拍（笔者走到哪里，摄影师跟着拍到哪里）。

✌比例：横屏16:9。

✌器材：华为 Mate30 手机，大疆灵眸稳定器，大疆中型稳定器。

✌充电：自备充电宝2个，其间充电2次。

✌要求：只须确保画面平稳、光线明亮，其他自由发挥。

✌状态：一开始大家都有点害羞，在半个小时后调整好状态。

短视频创作，三分靠拍摄，三分靠剪辑，四分靠文案。

第033招 还原那个自在绽放的自己

笔者为了积累各种短视频素材，每次在外出参加活动时，都会带上摄影师，让他一路跟拍，跟拍内容包括：打车、进高铁站、坐高铁、离开高铁站、到达活动现场、与主办方交流、台上演讲、与学员交流、吃饭、走路、逛景点及参观公司等。

“一路跟拍”，意味着你可能要在内心深处不断回答这些问题：

✌我真的足够优秀吗？我真的值得别人这样跟拍吗？

✌旁人的眼光带着好奇、不解和羡慕，我能淡定自如吗？

✌我呈现的，是自己最真实、最自然的一面吗？

✌我的表现，有一丝一毫的造作吗？

✌我真正融入风景之中了吗？

✌我微笑对待每一个人了吗？

✌摄影师与我保持这样的距离，拍摄出来的画面，是否适合未来的“粉丝”观看？

✌这一路上，我自在吗？开心吗？

上述问题，如果总结为一句话，就是：我绽放了吗？

短视频拍摄，不仅要考虑自己的感受，更要尊重观众的感受。你的每一个作品，未来将同时影响你自己和观众。因此，你要尽量从自利、利他的视角，去拍摄每一个画面。

第034招 生活不一定美好，我们要记录美好

请问：生活美好吗？

或许大部分人会回答：有时候美好，有时候不美好。

笔者经过多年的奋斗，终于明白：互联网创业的本质，是艰苦奋斗。如果你每天能奋斗到问心无愧，那么，生活就是美好的。

美好的感觉，往往不是来自别人，而是来自

你自己。

人，一步步成熟了，就会慢慢减少对别人的奢望或幻想，而逐步回归到自己的艰苦奋斗之中。

那种通过艰苦奋斗而获得的机会和成果，犹如我们生命中奇妙的恩典。

艰苦奋斗的人，自然会遇见逐步变得美好的人生。在这个过程中，我们可以用相机记录成长的点点滴滴和创业的风风雨雨。

多年以后，蓦然回首，或许你会发现：那些曾经的不美好，似乎变得更容易理解和接受了；那些曾经的美好，似乎变得更有力量和价值了。

《牡丹亭》作者汤显祖曾感叹：“如花美眷，似水流年。”

万世师表孔子也曾感叹：“逝者如斯乎，不舍昼夜。”

拍拍身上的灰尘，继续出发吧！

第七部分

剪辑篇

第035招 以大师视角构思你的剧本

有些短视频，你一看，就想看下去；有些短视频，你一打开，就想马上跳过。为什么呢？

因为短视频的每一帧、每一秒都映射着创作者的格局、智慧和实力。

因此，我们在构思剧本时，不能再随心所欲、匆忙了事。

笔者有一位朋友是专门拍乡村亲情短剧的，他的每个短视频，平均播放量约 500 万次。有一次，他跟笔者分享自己的创作经验："每一次写剧本，我都会听音乐，听到自己痛哭涕零，而后才开始下笔。"

如果你将自己定位为一位大师，那么，你在构思剧本时，或多或少也会有一些"大师迹象"。

如果你将自己定位为一位普通玩家，那么，你可能连"剧本"这个概念都没有。

剧本主要分为文学剧本和摄影剧本。短视频创作者接触比较多的是摄影剧本。摄影剧本比较重视拍摄感，文学艺术性可高可低。

简单来说，剧本就是告诉演员在什么时间、什么地点以什么方式做什么事或说什么话。

当你在构思剧本时，最好以"自己就是行业大师"的态度和标准来要求自己。尝试多了，你就收放自如了。

第036招 不能忘了观众究竟想要什么

玩视频号的大体上可以分为两类人：普通玩家（没有变现目的）和职业玩家（有变现目的）。

如果你是普通玩家，那么你可以自由、随意发挥，不用太在意观众的需求；如果你是职业玩家，那么你就必须深度了解观众的需求，否则，你离变现将很遥远。

观众想要的，大概可以概括为三样东西：

✌不一样的体验。

✌不一样的价值。

✌不一样的诚意。

因此，你在剪辑短视频时，要经常问自己：

✌这样剪辑，能带给观众不一样的体验吗？

✌这样剪辑，能带给观众不一样的价值吗？

✌这样剪辑，能让观众感受到不一样的诚意吗？

在网络上，同一个主题的短视频往往大同小异。观众看多了就会审美疲劳，找不到新鲜感。

观众大多喜欢观看那些有思想、有风格、有个性的短视频，因为那些短视频，能够打破观众的思维边界，带给他们全新的感受。

你能带给观众他们所想要的东西，观众才能回馈你所想要的东西，比如关注、点赞、评论或订单等。

因此，短视频剪辑的根本原则是利己、利他。

第037招 剪辑出心中的美好画面

很多人在剪辑短视频时，往往只在意自己的感受，而忽略了观众的感受。

有个女生，长得很漂亮，但她在拍摄短视频时，总展示自己有多美，于是吸引了一大堆男性“粉丝”。

有一次，她抱怨道：“我是卖化妆品的，我要的可是女性‘粉丝’呀！”

笔者就跟她说：“你展示自己很美，吸引来的自然就是男性‘粉丝’；你教大家如何变得更美，才能吸引来更多女性‘粉丝’。”

思考的角度很重要。

在剪辑短视频时，或许你会感叹：“我的天啊！实在太美了！”

可是，这种“美”，观众真的需要吗？观众观看后会感动吗？

真正的高手，剪辑出来的短视频，不仅自己觉得美，观众也会觉得美。

那么，如何剪辑出大家共同认可的美好画面呢？

✌素材美，剪辑出来的短视频成品才会美。因此，在拍摄素材时，你必须以更高的审美标准把控质量。

✌敢于剪掉不必要的画面，留住重要画面。

✌每一个画面都是为短视频的综合目标（如吸引点赞、关注、打开链接或下单）服务的，而不是为你的欲望（如炫耀、自夸）服务的。

第038招 敢于推倒重来

真正的高手，往往敢于将早期的成品推倒重来。

普通玩家的思维模式是："我付出了很多努力，为了做成这个短视频，我吃尽了各种苦头，因此，我不可能再次剪辑了。"

职业玩家的思维模式是："如果这个短视频对观众没用，或者观众在观看后没有惊艳的感觉，那么，我付出的那些努力，真的有意义吗？不！我要推倒重来！"

有些读者可能会说："这些思路至关重要，可我连最基本的剪辑基础都没有啊，怎么办？"

笔者为本书的读者准备了一套名称为"如何用剪映制作出高质量视频"的公益课程，总共 12 节课，您只须扫一扫本书封面作者简介中的二维码，即可找笔者免费领取。

剪映是目前短视频领域较为强大的剪辑 App。

笔者的这套课程，将免费教你使用以下功能：

✌裁剪。

✌排序。

✌变速。

✌变声。

✌剪辑音乐。

✌处理声音。

✌画中画。

✌基本特效。

✌制作字幕。

✌滤镜使用。

✌亮度调节。

✌高清处理。

第八部分

出圈篇

第039招 你的圈子，值得你骄傲吗

玩视频号的人经常会问："你出圈了吗？"

出圈，是视频号领域的常用词语，意思是账号或短视频，因为他人的传播或平台的推荐，其影响力超出了创作者原有圈子的范围，成功进入更大的传播圈。

有些人喜欢说："我有很多圈子。"（圈子，在视频号领域大多指基于微信群而搭建的网络社群。）

请问：那些圈子真的能为你所用吗？

不是你加入了100个微信群，那些微信群就可以被称为圈子。

能被称为圈子的微信群，一般应具备几个特征：

✌群主具有一定的公信力。

✌整个微信群，拥有一个比较清晰的共同目标，比如学习、交友或健身等。

✌群成员经常互动，彼此熟悉。

✌群主发起的各种活动，群成员愿意积极参加。

✌群成员发起的某些请求，能够获得他人的帮忙或支持。

简单来说，“微信群必须是活生生的”。

结合上述特征，现在，你来评估一下你所创建或加入的微信群，是否可以将其称为圈子。或许你会发现：真正符合“标准”的，大概只有 20%，甚至更少。

能为你所用的微信群，才是真正富有生命力的社群。所以，你要重点培养那些富有潜力的社群，而逐步放弃那些“凑数量”的社群。

第040招 你多爱圈子，圈子就多爱你

这里说的圈子，包括你创建的圈子和加入的圈子。

一个优质、热闹的圈子，胜过100个劣质、沉寂的圈子。

假如你创建了一个100人的优质圈子，同时，你的视频号也有100个优质“粉丝”，请问：你在视频号上发布一个短视频之后，你从哪里获得的点赞会更多呢？

A. 100 人的优质圈子；

B. 100 个优质“粉丝”。

这个问题的答案，有两种可能性：

✌如果你没有将短视频链接转发到 100 人的优质圈子（微信群），那么答案往往为 B，因为该圈子里的朋友不一定会看到你的短视频，而“粉丝”只要进入视频号，就有可能看到你的短视频。

✌如果你将短视频链接转发到 100 人的优质圈子（微信群），而且你向大家强调了这个短视频的重要性，那么答案往往为 A，因为微信好友看到该短视频的机会远远大于“粉丝”。

我们要用心对待自己创建或加入的每一个优质圈子，因为圈子成员对我们更加了解和信任，他们的点赞、评论或转发，将更精准、更有力地为我们的短视频的传播赋能。

第041招 出圈的本质是“交换苹果”

说到“交换苹果”，很多人的第一反应是：“互赞吗？”（互赞，指好友之间相互点赞对方的短视频。）

不是！这里说的“交换苹果”，是指交换价值，这也是商业的本质之一。

互赞，只是交换价值最简单、最浅层的方式。

笔者对于互赞持中立态度，不赞成也不反对。

互赞有没有意义？

✌有意义：如果你的好友具有一定的影响力，而且他的微信社交关系跟你的业务有相关性，那么，他对你的短视频的点赞，将高效赋能你的短视频。

✌没有意义：如果你的好友没有影响力，而且他的微信社交关系跟你的业务没有相关性，那么，他对你的短视频的点赞，价值不大，往往只是增加了点赞数量而已。

我们要更多地关注价值交换的重要性。

价值交换，包括多种模式，以下是一个例子：

教钢琴的陈老师免费指导学生小明练习钢琴一小时，小明的妈妈很感动，于是把陈老师的视频号转发到朋友圈和一个500人的宝妈群，此举为陈老师的短视频赢得了100次点赞，并带来2000元的订单。

在这个例子中，陈老师提供的价值是“指导小明练习钢琴一小时”，小明的妈妈提供的价值是“主动帮陈老师传播视频号”。

第042招 世界很大，你想看哪一部分

世界很大，大家都想去看看。问题是，你想看哪一部分呢？每个人的时间有限、资源有限，因此，有生之年，我们必须选好最想看的那一部分。

什么都想看，最后什么都没看懂、看透。聚焦一个领域，则能看到其中神奇的地方。

视频号的运营，也是同样的道理。

这里我们要重点强调的是：运营视频号，一定要

专注一个领域，甚至一个细分领域！（如果你拥有一个大团队，而且人人都精通短视频，则另当别论。）

笔者专注视频号运营培训，希望通过视频号“链接”更多想学习视频号运营的人。因此，笔者在创作短视频时，会专注考虑这些人的需求；在推广短视频时，会专注推广给精准的微信群；在搭建圈子时，会专注搭建能给这些人带来真正帮助的圈子，比如“郑俊雅视频号学习会”。

专注，才能专业；专业，才能变现；变现，才能做大做强。

专注一个领域，其实是一件非常令人开心的事啊！

笔者的一位朋友朱麟，专注国学培训。2020 年 7 月上旬，他从广州出发，一个人徒步 1200 多千米，跨越三个省、九个地级市，历时 41 天，成功到达贵州阳明洞。

这段漫长的探索之旅，让他明白了很多道理，其中很重要的一个是：人生最幸福的事情之一，是走出门去做最爱的事情，回到家见到最爱的人。

第043招 “君子敬而无失，与人恭而有礼”

当你的短视频因为“粉丝”的点赞或平台的推荐而进入更大的传播范围时，你将迎来更多的新“粉丝”。

这些“新人”可能会通过私信、评论等方式与你交流。在交流的过程中，你或许会发现这些“新人”对你的态度，并不像之前熟悉的朋友那样礼貌和友好。

别慌，你要泰然自若。你可以参考以下建议：

✌子夏曰："君子敬而无失，与人恭而有礼。四海之内皆兄弟也。君子何患乎无兄弟也？"

✌无论"新人"以什么态度和你交流，你都要礼貌、真诚应对，因为他们的态度很快就会转变。

✌"新人"以比较冰冷的方式与你交流，原因有两个：第一，他们之前已经被你的同行"伤害"过；第二，他们出于自我保护。

✌笔者的很多短视频，都会嵌入一张令人震撼的视频号运营思维导图，很多观众在观看后，都会主动发私信给笔者。他们的私信，态度极其冷淡，比如只写两个字"领图"。如果你只是把思维导图发给对方，然后等待回复，那么，或许你等上十年也等不到任何回复（很多人觉得没有再次互动的必要）。你要主动出击，比如："某某哥/某某姐，您好！热烈欢迎您！关于视频号运营的任何问题，欢迎您随时和我交流哦！我一定会第一时间为您解答！"这个时候你会发现，大概有 80%的人会继续跟你互动，甚至下单。

第044招 出圈是为了更好地归来

出圈，犹如告别自己的小圈子，然后远走高飞。

其实，出圈是为了更好地归来。

这个过程，有点像候鸟因为气候变化而长途迁徙，历经各种风雨，最终于春暖花开时回归最初的出发地一样。

你的短视频，因为“粉丝”、非“粉丝”好友的点赞或平台的推荐，顺利进入更大的传播范围。在这个过程中，你将赢得更多机会、资源或订单。

总之，当有了更大的收获之后，你不应该忘记最初帮你点赞、评论的那些朋友。在你的视频号运营过程中，他们是“最可爱的人”。他们大多来自你最熟悉的社群。

在新增收入中，你拿出一部分来创造更大的价值，然后赋能或回报这些朋友或社群，或许将是一件非常美妙的事情。

比如：

✌创作更加详细、实用、令人震撼的思维导图或课程，免费赠送给大家。

✌在社群里发红包，感谢群主、欢迎新人、祝福大家。

✌为大家提供更多高质量、可商用的图片素材或视频素材。

✌为大家解答各种问题。

✌为大家提供一些机会。

✌看到优秀的短视频，认真点赞、用心评论。

第九部分

“粉丝”篇

第045招 你真的有“粉丝”吗

在夜深人静的时候，你不妨问一问自己：“我真的有‘粉丝’吗？”

笔者的答案是：有价值，就有“粉丝”；没价值，就没有“粉丝”。

这是什么意思呢？如果你的视频号能够给大家带来价值，那么你才会有真正的“粉丝”。

在商业领域中，“粉丝”追求的往往不是某个“偶像”，而是某种“价值”（娱乐领域，“粉丝”对明星的疯狂追捧另当别论）。

例如，大家关注笔者的视频号，不是为了每天看看“郑俊雅”，而是为了看看“郑俊雅创造的价值”（如经验分享、思维导图等）。

一味追求“粉丝”数量，忽略“粉丝”需求，终将为“粉丝”所伤。

放下杂念，看清本质，专注为“粉丝”提供某一领域的精准价值，终将皆大欢喜。

或许，笔者已经到了一定的年龄，做事不再拖泥带水，喜欢把握核心，干脆利落。

作为短视频创业者，你每天应该思考的是：

“今天，我又能为‘粉丝’创造出什么价值呢？

“我的短视频作品真的很了不起吗？

“我的短视频作品真的不可取代吗？

“我的短视频作品真的令人惊艳吗?

“‘粉丝’在别的地方真的无法得到类似的价值吗?”

直面人生，别自欺欺人。

竭尽全力，为“粉丝”服务。

第046招 唤醒共鸣，与“粉丝”荣辱与共

在爱情的路上，令人开心的事情之一，是你约她看电影，而她刚好愿意且有时间；在视频号创业路上，令人开心的事情之一，是你提供了价值，而你的“粉丝”刚好需要且喜欢。

这既是默契，也是共鸣。

精准，是视频号创业之路的核心关键词。

✌做好精准定位。

✌创作精准视频。

✌提供精准价值。

✌吸引精准“粉丝”。

✌进行精准互动。

✌创造精准话术。

✌吸引精准好友。

✌搭建精准社群。

✌升级精准环节。

✌提供精准产品（服务）。

当你能够为“粉丝”提供精准的“东西”时，你的“粉丝”就能够与你产生共鸣。在你耕耘视频号的过程中，你的“粉丝”可能会反过来给你赋能：

✌为你提供各种精准建议。

✌为你提供各种精准素材。

✌向你提出各种精准问题。

✌帮你回复各种精准问题。

✌为你带来更多精准“粉丝”。

✌为你介绍更多精准客户。

✌为你传播更多精准视频。

✌为你提供更多精准评论。

上面的“互动”过程，就是创作者与“粉丝”相互赋能的过程，也是荣辱与共的过程。慢慢地，你与“粉丝”不再是“崇拜与被崇拜”的关系，而是深度互惠互利的关系。

第047招 没有多一秒、没有少一秒，现在刚刚好

有的短视频创作者，对于“粉丝”经常会有这样的抱怨：“你关注我或加我为好友之后，静静地待在那里就好，为什么还要提各种各样的问题呢？”

其实，“粉丝”提出各种问题，往往是为了更深度地与你“链接”或合作。

如果你讨厌“粉丝”的问题，那么，就相当于你

把财富拒之门外。因为，只有精准问题得到精准解答，才会产生精准订单。

这么多年来，笔者平均每天要为“粉丝”解答200多个问题。有时候，有的“粉丝”担心笔者对他的问题会厌烦，就问：“会不会打扰您呀？”

这个时候，笔者就会跟他说：“没有多一秒、没有少一秒，现在刚刚好。您提出的这个问题，我很乐意为您解答。”

“粉丝”听后，往往会很感动。

人与人之间的交往，关键在于真诚。古话说：“精诚所至，金石为开。”再铁石心肠的人，面对你十年如一日的真诚，也会为之动容。

我的朋友朱麟先生曾说：“成为一艘空船，顺流而下。”

在与“粉丝”交流时，我们也应该具备这样的空杯心态，顺势而为，成就他人。

也许，在很多年以后，你会发现：当年向你提出那些“幼稚”问题的人，最终成了行业大咖。

一切皆有可能。

第048招 尽己所能，给“粉丝”多一点

子曰：“人不知而不愠，不亦君子乎。”

有时候，你想帮助别人，别人不但不理解你，而且还想尽办法躲避你。

在视频号刚出现的时候，笔者就第一时间给几个好朋友打电话，跟他们说：“视频号的商机很大，变现能力很强，很适合你们的团队，不要错过！现在是

入驻视频号的最佳时机，一定要重视。”

这几个朋友，在电话里大概都是说：“是，是，是，好的，好的，好的。哦，俊雅，刚好我有事，我们回头再聊。”

当听到朋友们如此回复时，你有何感想？

风口真正来的时候，很多人不一定能够觉察到。哪怕有朋友苦口婆心地跟他们说，他们也未必相信。因为，他们还沉醉在上一个“风口的余波”之中。

笔者感觉到朋友们还没有真正意识到视频号的重要性，于是叫司机开车送笔者去他们各自的公司，亲自跟他们讲解视频号的核心原理。那天，笔者花了一整天的时间，拜访了4位朋友，跟他们各自分享了两个小时。最终，大家都只是礼貌性地回应：“要重视，要重视。”

反正，能做的，笔者都做了，也就问心无愧了。

第049招 “劝君更尽一杯酒，西出阳关无故人”

大部分人都比较在乎“‘粉丝’能为我做些什么”，而忽略了“我能为‘粉丝’做些什么”。

“粉丝”观看了视频，主动加我们的微信好友，或者进入我们的社群，慢慢地，“粉丝”就变成了我们的好友。

“粉丝”关注我们，不是为了见证我们“一路高歌”(越做越好),而是为了“共同进步”。换句话说,“粉丝”在见证我们“一路高歌”的同时,也希望我们可以见证他的“一路高歌”。

一个社群能否做大,要看群主是否真正愿意赋能每一个社群成员。

我们为社群成员的优秀作品点赞,有点像祝福他们“远走高飞”,因为我们的点赞,能帮他们将作品传播给更多人。因此,我们不应该只是简单地点赞,而应该带着深切的关怀,以更大的格局为他们提供力所能及的帮助。我们希望他们的作品能够经得起各种考验,能够承载各种掌声。

我们总希望朋友多带上一点干粮和祝福,毕竟前路漫漫。

这种感觉,有点像“劝君更尽一杯酒,西出阳关无故人”。

在视频号江湖中,朋友多了,路就好走了。

第050招 用生态来服务“粉丝”

有的社群，里面大咖太多，大家谁都不服谁，表面上是各抒己见，本质上是相互攻击，最终大家都“水土不服”。

一个社群，如果“刺球”（没有敬畏心和包容心的所谓大咖）太多，大家喜欢各自炫耀或相互攻击，则无法成为一个真正优质、有温度和有“营养”的社群。

社群，应该是一个生态，而不是一个秀场。

何谓生态？众参与者和谐相处、优势互补、资源共享、长期存续。

如何用生态来服务“粉丝”？你可以参考以下建议：

✌群主应该放下身段，让众人自由发言和交流，绝不允许相互攻击。

✌社群必须以“包容”作为基本文化，正所谓“君子和而不同，小人同而不和”。

✌鼓励大家分享真善美的东西，一旦发现有人出言不逊，则必须第一时间制止。

✌要让群成员知道：无论你有多厉害，如果你的飞扬跋扈让大家不舒服，那么请你离开。

✌创建一个网站，用于保存社群成员分享的各类经验、信息和资源。

✌制订奖励规则，让社群成员用各自的优势来服务众人。

第十部分

社群篇

第051招 在外面闯荡久了，大家都想有个家

对于短视频创作者来说，微信群就是他们的“家”。笔者在长期的社群运营过程中，总结了“九度社群理论”：

✌深度：群里只分享有深度的干货。

✌广度：凝聚来自各行各业的精英。

✌温度：重视温情，拒绝冷艳。

✌态度：每一个环节，都必须有“态度”。

✌气度：群主有气度，从而奠定有气度的社群文化。

✌力度：创作每一个短视频、参与每一次活动，都必须有力度。

✌热度：群主有德、成员有义、活动有奖、分享有料，社群才会有热度。

✌速度：以最快的速度分享最新资讯、经验和秘诀。

✌角度：培养大家独特的思考角度和思维模式。

笔者以“九度社群理论”创建的微信群有 500 多个，其中有个比较重要的微信群，名称是“郑俊雅视频号学习会”。

这个微信群，凝聚了来自五湖四海的视频号创业者，大家每天一起学习、一起交流、一起解决难题。大家提倡“君子和而不同”，反对“小人同而不和”。

笔者旨在打造一个良好的社群生态，以帮助大家发展得更快、更好、更稳。

第052招 叱咤风云的社群，从三个人开始

有些人喜欢抱怨：“你很好啦！有那么多社群！我，一个社群都没有！”

互联网创业关键的精神之一就是“停止抱怨，现在去做”。

社群运营，前期你不要制订太庞大的计划，而要制订能落地执行的计划。例如，此刻，你先创建一个

只有三个人的社群。

你可能会问："只有三个人的社群，也能被称为社群吗？"

答案在这里：你先不要管它能不能被称为社群，你先去做！

事情往往在我们的行动中会出现转机。

有人可能会抱怨："只有三个人的社群，我实在没兴趣，我是要干大事的，我只想管理几百人、几千人、几万人的社群。"

如果一个人真正明白了社群的运营之道，那么，哪怕他管理的只是只有三个人的社群，他同样具备管理几万人社群的格局。

我们所追求的，正是这种品质。

笔者创建的"郑俊雅视频号学习会"，最初的200人，是笔者亲自邀请的，之后的无数人，都是群成员主动介绍的。

运营社群的核心要素如下：

- 定愿景。
- 设规则。
- 讲干货。
- 送价值。
- 发奖励。
- 作互动。
- 分职务。
- 创文化。

第053招 打造一个与众不同的社群

如果用心去研究同行的社群，你会发现：那些社群，虽名目众多，但大同小异。用一句通俗易懂的话来评价：就那样！

如果我们每天起早贪黑，创建的社群亦诸如此类，那么，大可不必大动干戈。

生命中的每个日子，都无比珍贵，我们必须创造一些与众不同的东西。

笔者运营的社群，有一些特点：

✌红包：每个新成员进群，群主（笔者）必发红包，邀请老成员热烈欢迎新人。

✌欢迎：领红包，必欢迎。老成员领了红包，必须第一时间欢迎新成员（社群江湖禁忌：领了红包默不作声，像不曾存在过一样）。

✌干货：群主每天分享干货，无论群成员有没有反应。

✌表扬：群成员帮助他人，必须第一时间表扬，从而感召更多人做好事。

✌规范：群成员不可“自大”，若言过其实，群主必第一时间提醒大家“艰苦朴素”。

✌主题：群成员在分享经验时，不可偏离社群主题。

✌温情：群成员之间，必须像老同学一样，真诚相待，不欢迎冷艳的“个人英雄”。

✌深情：群主必须高度热爱社群，愿意为大家服务，真正做到“参透起落，不舍深情”。

第054招 不会“自言自语”的群主不是好群主

经常有人说:“哎呀,我那个群,本来活生生的,也不知道发生了什么,现在没人说话了,变成了僵尸群。”（僵尸群是指那些没人说话或说了话没人回应的社群。）

“热闹群变成僵尸群”或许是社群运营者最大的心病了。

其实，不是群主做错了什么，也不是群成员做错了什么，而是时间在流逝，大家的热情慢慢被冲淡而已。

笔者曾经做过很多次有趣的尝试：100人的老群（创建已久的社群）没人说话了，笔者以另一个主题重新创建了一个新群，同样邀请这100人加入。有趣的事情发生了，新群热闹得不得了，大家“叽叽喳喳”。

在多年的实践中，笔者发现：社群就像母校，群成员就像学生。该修的学业修完了，大家自然就毕业离校了。但是，当母校有活动时，大家依然心系母校，风尘仆仆重聚于曾经有过无数欢声笑语的地方。

因此，不要担心社群里没人说话，你先把自己该分享的干货分享彻底（哪怕有点像自言自语），坚持下去，你会发现：平时大家都默不作声，一旦群里有活动，群成员都会第一时间响应。

“自言自语”，或许正是优秀群主必备的素质之一吧！

第055招 要逐步淡化群主的存在感

有一次，笔者的社群迎来了一位高手。他在进群之后，就开始分享自己“用视频号2个月变现60万元”的故事和经验，赢得大家一次又一次的掌声。

在一个小时后，他单独发信息给笔者：“雅哥，我有没有说错话或说多了呢？请及时指正。”

他的言外之意是：他是不是抢了群主的风头？

笔者就回复他：“你说得很好，感谢你的真诚分享。一个优秀的社群，就需要像你这样的高手，不但有实战经验，而且乐于分享。一个社群要壮大，群主必须自我淡化存在感，最好的状态是群主一句话都不用说，社群照样运转。”

其实，在笔者的社群里，高手如云。例如，另外一位群成员，在一年的时间里，在腾讯微视领域赚了3000万元，他的账号是微视搞笑领域数一数二的大号。

如何让这些高手更舒服地存在和活跃于社群之中，这就需要群主尽量做到“无为”。当然，无为不是无所作为，而是循道而为。简单来说，就是把该做的做好，把不该做的放下，让高手去做，群主不要过多干预。

现在，虽然笔者花在社群里的时间越来越少，但社群却越来越大，因为大家在社群里找到了自己的归属、方向和位置，大家自愿帮助社群做得更好。

第056招 让社群成员各尽其才、“百花齐放”

普通的社群，是属于群主一个人的；优质的社群，是群成员共同拥有的。

为什么这么说呢？

普通的社群，群主过于重视自己的地位，事事亲为，干预过多，群成员得不到展示才华的机会，所以，逐步放弃各种努力，社群变成群主一人自我陶醉的工具。

优质的社群，群主定好规则、做好分工，让社群成员各尽其才、“百花齐放”，各自赢得地位、尊重、机会和资源，大家其乐融融，皆大欢喜。

《黄帝内经》有云：“各从其欲，皆得所愿。”

在激发社群成员潜力方面，群主可以参考以下思路：

✌凡有人分享干货，须第一时间给予表扬。

✌若有人提出问题，可引导其他优秀成员进行解答。在实在没人解答时，再亲自出马。

✌若有人“霸屏刷存在感”，须引导他有节奏地分享干货。

✌群里不闲聊、不泡妞、不炫耀、不互撕。

✌每天发布令人震撼的信息(如群主或成员取得

的最新成就），刺激大家艰苦奋斗、创造佳绩。

✌在专注同一主题的前提下，鼓励大家各抒己见。

✌对于优秀成员，可适当以发红包方式给予肯定和表扬。

第057招 让每个人得到应该得到的

如果大家得不到自己应该得到的东西，那么，大家就不想跟你“混”了。

这里的关键词是“应该得到的”，而不是“想得到的”。人们想得到的东西太多了！作为群主，如果你无底线地给予群成员太多的资源、机会和价值，未必是好事。

古人云：“不以其道，行之不远。”

社群运营，如果不遵循规律，那么，这个社群将无法做大。

举例：

笔者这本《68 招玩转视频号》在出版之后，为了奖励“郑俊雅视频号学习会”的成员，若每人无条件赠送一本，则不合常理，因为大家并没有为这本书付出相应的努力。但是，如果笔者举办一个活动，主题是“针对郑俊雅视频号的 100 节课写 500 字的学习心得，可奖励一本书”，那么，大家自然心服口服、皆大欢喜。

有些社群，成员之间经常会有大大小小的各种矛盾。有时候，不是某些人做错了，而是群主一开始就没有把规则设计清楚。

一套优秀的社群规则，必须平衡多方力量，保障众人的合理利益。

第058招 培育充满温情和干货的社群文化

真正优质的社群，大多是充满温情的。

有人可能会说："温情何用？我只要干货！"

严格来讲，优质社群的发展，离不开温情和干货。只有温情而无干货，则社群空虚无料；只有干货而无温情，则社群枯燥乏味。

如果把干货比喻成各种食材，那么，温情就是烹饪所需的各种调料。

在生活中，你不可能每次都用热水烫菜而不加任何调料吧？

或许有人会说：“我就喜欢用热水烫菜，不加任何调料。”

那么，笔者可以告诉你：这样，你自己吃可以，用来请客则不行。客人每次都只吃白灼青菜，会觉得你缺乏诚意。

社群运营，正是同样的道理。

举例：

你为另一半准备了一顿美食。

表达方式A：“喂，吃饭。”

表达方式 B：“亲爱的，快来享用我精心为你准备的烛光晚餐吧！”

你觉得哪种效果更好呢？相对而言，方式A显得索然无味，方式B则充满诗意和惊喜。

越大的社群，每天要面对的事情越多。不是所有的事情都能用干货摆平，稍微加上一点温情，你会发现：诸事顺利，大家其乐融融。

第059招 社群是一个江湖

俗话说："有人的地方，就有江湖。"

有人说："江湖路远，一路珍重。"

不知道是笔者"年龄大了略显江湖气质"，还是笔者"互联网研究深了看透本质"，总之，互联网是一个江湖，社群也是一个江湖。

闯荡社群江湖的第一准则：相互尊重。

笔者从不评价其他专家的优劣，因为笔者知道

“我们对别人的了解，永远只是皮毛”，因此，何必在不了解的情况下，贸然评价他人呢？

笔者似乎也很少在意他人对笔者的评价，毕竟人生苦短，能够全心全意做好自己的事情已属不易，何必浪费精力在意他人的说法？

只有相互尊重，才能遇见更多的天才。

有人可能会说：“我这辈子怎么就没见过天才呢？”

其实，当你能够拿出对待天才应该具备的态度时，你就能遇见天才。

闯荡社群江湖的第二准则：相互成就。

江湖不是一个人的，而是大家的。

《宋史·岳飞传》有云：“阵而后战，兵法之常；运用之妙，存乎一心。”

曾经有一个大明星说：“很多人问我为何能接到

那么多戏，其实，就是几个好朋友的几个电话而已。”

秉持相互成就的原则，只有让别人看到你，别人才会热情欢迎你。

第十一部分

变现篇

第060招 视频号变现的几种主要模式

只要你稍微用心地去观察一下短视频江湖里的一些现象，你就会发现：运营其他短视频平台的人，大多喜欢说“我并不在乎变现”；运营视频号的人，大多喜欢说“今天我又变现了”。

其实，大家都在乎变现，只是当条件不乐观时，不得不用“我并不在乎变现”这句话来自圆其说罢了。

视频号的变现路径一般是：创作者先从视频号引

流到公众号，再由公众号将流量分发到个人微信号、小程序或微商城等。

视频号的变现，有哪些主要模式呢？

✌卖产品（比如服装、水果、茶叶等）。

✌卖服务（比如封面设计、心理咨询、法律咨询等）。

✌卖课程（比如钢琴课程、书法课程、美妆课程等）。

✌卖社群（比如视频号学习社群）。

✌卖广告（比如视频植入广告、公众号广告）。

✌引流到线下成交（比如高考辅导班、餐饮店、服装店等）。

以上六大模式，有点像音乐里的音符，自由组合便能演奏出无穷无尽的乐章。当然，你也可以将上述模式打包在一起，例如，观众观看了笔者的短视频，报名加入“郑俊雅视频号学习会”，将同时获得：

- 《68招玩转视频号》书籍一本（产品）。
- “视频号从0到变现”100节课（课程）。
- “微信群运营秘诀”30节课（课程）。
- “公众号成交文案”30节课（课程）。
- 加入500人的视频号学习群（社群）。
- 获得一年的视频号咨询服务（服务）。
- 在一年内免费参加四次线下聚会（线下活动）。

第061招 每一笔订单都是一种托付

如何面对每一笔订单，决定了我们能干出多大的事业。

其实，我们在视频号上得来的每一笔订单都来之不易。

大多数人因为好友的点赞或平台的推荐才能看到我们的视频，因此，每一笔订单都承载了客户、朋友或平台对我们的托付。

一个人对我们的产品或服务不满意,将影响一个圈子甚至多个圈子(因为每个人都身处一个或多个圈子之中),反之亦然。

笔者在多年的奋斗过程中,明白了一个道理:天大地大,我们“偷”不了任何东西。

我们能“偷”时间吗?不能!

我们能“偷”懒吗?不能!

我们能“偷”心吗?不能!

总之,“偷”来的东西,迟早是要还的,而且要加倍奉还。

每一次,当订单来时,笔者都会问自己几个问题:

“我调整好状态了吗?

“我当之无愧吗?

“我承载得起吗?”

如果答案都是肯定的,那么,笔者会欣然接受这笔订单并全力以赴服务好客户。

如果其中有一个问题的答案是否定的，那么，笔者会跟对方说："感谢您的信任，但时机尚未成熟，我暂时无法与您合作，但我会快速成长起来，绝不辜负您的期望和托付。"

第062招 让每一句话都能触动客户心灵

在视频号上的成交，大多是从聊天开始的。

每一次聊天，笔者都会问自己：

“我放下各种杂念了吗？

“我是以利他之心在跟对方聊天吗？

“当下我说的每一句话，有夹杂任何私心吗？”

是的，要确保自己正处于问心无愧的状态，方能与客户交流。

聊天故事：

在视频号上，有个观众观看了笔者的几个短视频，就主动跟笔者交流。

她大概 40 岁，读过很多书，也有过很多深度思考。

她问："怎么理解'安得广厦千万间'呢？"

笔者一开始有点反应不过来，心想："她怎么问一个研究短视频的人这样一个神奇的问题呢？"

在冷静之后，笔者答："从社群运营的角度来讲，就是群主愿意真正赋能每一位群成员。"

她又问："人的思想，有必要'翻译'成别人能听得懂的话语吗？"

笔者答："如果是独处，则不必；如果是相处，则必须。"

看了这两个问题的答案,她马上就付款并申请加入“郑俊雅视频号学习会”。

笔者也不知道她是如何做出决定的,因为她问的问题,似乎与我们学习会的主题没有明确的关联。或许这就是互联网的奇妙之处。

第063招 我愿意等你十年

并不是每个人观看了你的视频号都会成为你的客户，毕竟有时候人家联系你，不是为了下单，而是为了和你交个朋友。

有些人喜欢说："只谈业务，不谈感情；只工作，不闲聊。"

这话似乎无懈可击，甚至有一点"积极向上"的感觉。只是从营销的角度来讲，此话似乎有点缺乏人情味。

订单，真的是在“谈业务”中谈出来的吗？未必！

在很多时候，客户不下单，既不是因为他没钱，也不是因为他不信任你，而是因为他暂时还没有相应的需求。不过，“暂时没需求”并不代表“永远没需求”。如果因为客户“暂时没需求”，我们就放弃与他们交流，那么，我们将终生奔波于“开发精准客户”的路上而不断错过无数原本可以“被激活”的客户。

笔者在跟客户交流时，喜欢说：“没关系，哪怕您暂时没需求，我也愿意等您十年，因为，这是我终生坚守的领域。在此领域，您遇到任何问题，都欢迎您第一时间跟我交流，我一定知无不言、言无不尽。”

笔者发现，在很多时候，那些“暂时没需求”的客户并没有离开笔者，反而给笔者介绍了一个又一个新客户。

我问他们为什么？他们总说：“因为你值得！”

第064招 营造马上成交的自然氛围

如果你希望每天通过视频号吸引来稳定的订单，那么，以下这些工作必不可少：

✌围绕账号定位，每天更新一个高质量短视频，如果做不到，至少也得一个星期更新一次。

✌在社群里，每天最少分享一次干货，并引导群成员、老客户分享各自的经验和心得。

✌每天发布三条朋友圈内容，较佳时段是早上

9 点、中午 12 点和晚上 8 点。

✌每天用心回复微信好友的各种问题，并将回复的内容变为专业话术，保存在客服工具之中。

✌找准契机，每三天设计一个促销活动，比如主题是“为庆祝某某节日”“为庆祝本人视频号‘粉丝’数量达到 1 万人”等，名正言顺。

✌每三天适当群发信息（微信有自带的群发功能，也可借助微信认可的第三方软件），信息要精练，最好不要超过 30 个字，末尾可以加上一句“详情回复：1”，让客户在收到信息后一目了然并自愿进行精准回复。

当你把以上的各项工作落实到位之后，你会发现，很多订单的成交是自然而然的。我们要以中道之心，全力以赴为客户创造成交与合作的机会。

中道之心是初心，全力以赴是态度，两者相辅相成。

第065招 拿出部分利润赋能整个社群

俗话说得好："大家好，才是真的好。"

如果你是社群的创始人，大家看着你的视频号做得越来越好（比如粉丝量、订单都越来越多），而你回馈大家的次数越来越少，那么，在社群里哀怨、猜疑必生。

无论你的视频号运营得多好，始终不要忘记那些最早关注你、给你点赞的朋友，因为，他们是"最可爱的人”。没有他们最初的支持，你可能连出圈的机会都渺茫。因此，常怀感激之心，拿出部分利润，以实际行动回馈、赋能整个社群，似乎颇有必要。

你可以参考以下思路：

✌为社群成员创造更大价值。

✌策划更多活动，让利给社群成员。

✌举办各种有奖活动（比如征文比赛），奖励社群成员。

✌当看到社群成员的优秀短视频时，第一时间点赞、评论。

✌评选优秀达人，适当奖励他们。

✌为大家赠送优惠券、代金券或学习券。

✌为大家提供运营视频号必备的工具、资源或素材。

✌将自己的经验整理成思维导图等，赠送给大家。

✌用心为大家解答相关问题，如果自己没时间，可以安排同事负责。

第十二部分

品牌篇

第066招 哪怕一个人，也要创造奇迹

电子工业出版社出版的《宅经济》是一本有趣、有深度的好书。

它从云办公、云生活、云医疗、云海淘、云娱乐、云学习、云就业和云商业等多个角度为我们剖析宅经济的前世今生及未来。

这本书带给大家一个重要启发：在家也能创造奇迹。

在视频号领域，有很多人都是在家创业，或者是一个人创业。

当你一个人创业时，请不要觉得孤单，要知道这段历程带来的收获将是你人生较宝贵的财富之一。

幸运的是，我们迎来了一个非常伟大的互联网平台——视频号。

视频号，将无数的个体“编织”成一个巨大的社交网络，并且颠覆了“六度人脉”理论。人与人之间，通过视频号，甚至不需要通过六个人的关系，就可以瞬间触达。

以前，创建品牌需要极其庞大的团队和极其复杂的运营；现在，借助视频号的社交推荐机制，人人都可以精准创建、推广自己的品牌。

你可以参考以下建议：

✌定位：结合自己的专业、兴趣、优势（资源、人脉）等综合因素，找准自己的定位。

✌品牌：注册一个自己喜欢的品牌，然后全心全意去推广它。你在视频号上以此品牌名义发布的每一个短视频，都要竭尽全力去推广它，在一个短视频没有全力推广之前，决不轻易创作第二个短视频。

✌流量：用心对待精准流量，因为它具有一切可能性。

✌投入：要找到奋斗的状态，敢于全情投入。

✌结果：以结果为导向，不断修正自己的视频号运营思路。

第067招 艰苦朴素，才是互联网创业的本质

互联网上流行着各种“心灵鸡汤”。那些文字，看似完美，实则“无根”，如“水中月，镜中花”。有些人沉醉于此，以为每天阅读、分享 “心灵鸡汤”就是创业，人生就问心无愧了。

其实，一个人从阅读美文到艰苦奋斗，中间不知存在多少挑战和“沟壑”。

要知道，艰苦朴素，才是互联网创业的本质。

为了研究视频号，笔者每天早上5点钟起床，认真研究同领域的优质短视频300个，并将各自的创意、优点记录到思维导图工具中。几个月下来，笔者在视频号方面研究的短视频已达数万个。在这个过程中，各种创意、思路、建议、技巧和经验，已经逐步内化为笔者的综合创作能力。因此，笔者在视频号上推出第一个短视频之后，第二天就开始成功变现。

是的，深度研究各种短视频，依然算不上真正的艰苦奋斗。

一个即将“崛起”的人，他遇到的挑战，是多维度的，而且是并发的。

真正的艰苦奋斗，往往是指一个人能够在有限的时间之内，以积极、热情、勇敢的态度扛下生命中一个紧接一个的困难和挑战，而且毫无怨言、坚忍不拔。

几乎每个创业者都想创建自己的品牌，然而，真正的品牌，只属于艰苦奋斗的创业者。他们的付出、勤劳和勇敢，将为自己的品牌奠定扎实的基础。

第068招 打造品牌，是致敬时代、敬畏自己

这是本书的最后一篇文章。

此刻，笔者感慨万千。

纵观过去十多年的互联网探索历程，笔者深刻地认识到：一个人如果想在互联网上成就一番事业，就必须具备相应的奉献精神，并且心甘情愿为之付出一定的代价。

这些年来，笔者遇见过无数年轻人，他们似乎都有“伟大梦想”，整天踌躇满志，制订各种复杂、庞大的计划，却总是迟迟不敢踏出艰苦奋斗的第一步。那些近乎无懈可击的计划书，似乎变成了一个个沉重的“保护壳”，人们躲藏在它们背后，不敢直面人生，眼睁睁看着机会和青春匆匆流逝。

我们生活在一个伟大的互联网时代。时代给了我们无数的机会，我们应该挺身而出、主动奉献，扛起生命中一个又一个的重任，不负时代、不负韶华。

打造品牌，是致敬时代、敬畏自己。

品牌，是我们的梦想和斗志经过岁月的洗礼、艰难的考验后，凝练而成的“烙印”。这个“烙印”，沉甸甸的，真实而美好。

如果我们能秉持《大学》“苟日新，日日新，又日新”的态度，学习《孟子》“虽千万人，吾往矣”的大无畏精神，而后达到王阳明所说的“此心不动，随机而动”的状态，则人生无悔。

最后，用笔者的恩师仲昭川老师总结的九个字“大毅力”“大果敢”“大设计”致敬所有读者，祝福你们在视频号领域干出一番伟业！

加油！

图书在版编目（CIP）数据

68招玩转视频号 / 郑俊雅著. —北京：电子工业出版社，2020.11
（数字化生活. 新趋势）
ISBN 978-7-121-39631-1

Ⅰ. ①6… Ⅱ. ①郑… Ⅲ. ①网络营销 Ⅳ. ①F713.365.2

中国版本图书馆CIP数据核字（2020）第179877号

责任编辑：刘声峰
印　　刷：涿州市京南印刷厂
装　　订：涿州市京南印刷厂
出版发行：电子工业出版社
北京市海淀区万寿路173信箱　邮编：100036
开　　本：787×1 092　1/32　印张：6.75　字数：80千字
版　　次：2020年11月第1版
印　　次：2025年1月第9次印刷
定　　价：45.00元

凡所购买电子工业出版社图书有缺损问题，请向购买书店调换。若书店售缺，请与本社发行部联系，联系及邮购电话：（010）88254888，88258888。

质量投诉请发邮件至zlts@phei.com.cn，盗版侵权举报请发邮件至dbqq@phei.com.cn。

本书咨询联系方式：39852583（QQ）。